Todos los libros de Linkgua Ediciones cuentan con modelos de Inteligencia Artificial entrenados por hispanistas. Pregúntale al chat de tu libro lo que desees acerca de la obra o su autor/a.

Para ebooks: Accede a nuestro modelo de IA a través de este enlace.

Para libros impresos: Escanea el código QR de la portada con tu dispositivo móvil.

Obtén análisis detallados de nuestros libros, resúmenes, respuestas a tus preguntas y accede a nuestras ediciones críticas generativas para una experiencia de lectura más enriquecedora.
La transparencia y el respeto hacia la autoría de las fuentes utilizadas son distintivos básicos de nuestro proyecto. Por ello, las respuestas ofrecen, mediante un sistema de citas, las fuentes con las que han sido elaboradas.

Autores varios

Constitución de las Provincias Unidas en Sudamérica de 1819

Barcelona 2024
Linkgua-ediciones.com

Créditos

Título original: Constitución de las Provincias Unidas en Sudamérica de 1819 (22 de abril de 1819).

e-mail: info@linkgua.com

Diseño de cubierta: Michel Mallard.

ISBN rústica ilustrada: 978-978849-186-6.
ISBN ebook: 978-84-9953-942-3.

Sumario

Sección primera. Religión del Estado

Artículo I. La Religión Católica Apostólica Romana es la religión del Estado. El Gobierno le debe la más eficaz y poderosa protección y los habitantes del territorio todo respeto, cualquiera que sean sus opiniones privadas.

Artículo II. La infracción del Artículo anterior será mirada como una violación de las leyes fundamentales del país.

Sección II. Poder Legislativo

Artículo III. El Poder Legislativo se expedirá por un Congreso Nacional compuesto de dos Cámaras, una de Representantes y otra de Senadores.

Capítulo primero. Cámara de Representantes

Artículo IV. La Cámara de Representantes se compondrá de diputados elegidos en proporción de uno por cada veinticinco mil habitantes, o una fracción que iguale el número de diecisiete mil.

Artículo V. Ninguno podrá ser elegido representante sin que tenga las calidades de siete años de ciudadano antes de su nombramiento, veintiséis de edad cumplidos, un fondo de cuatro mil pesos al menos, o en su defecto, arte, profesión u oficio útil. Que sea del fuero común y no esté en dependencia del Poder Ejecutivo por servicio a sueldo.

Artículo VI. Durarán en su representación cuatro años, pero se renovarán por mitad al fin de cada bienio. Para verificarlo los primeros representantes, luego que se reúnan, sortearán los que deben salir en el primer bienio. El reemplazo de éstos se hará por los que con la anticipación conveniente elijan los pueblos a quienes correspondan.

Artículo VII. La Cámara de Representantes tiene exclusivamente la iniciativa en materia de contribuciones, tasas e impuestos, quedando al Senado la facultad de remitirlas, rehusarlas u objetarles reparos.

Artículo VIII. Ella tiene el derecho privativo de acusar de oficio, o a instancia de cualquier ciudadano, a los miembros de los tres Grandes Poderes, a los Ministros de Estado, Enviados a las Cortes extranjeras, Arzobispos y Obispos, Generales de los ejércitos, Gobernadores y jueces superiores de las provincias y demás empleados de no inferior rango de los nombrados: por los delitos de traición, concusión, malversación de los fondos públicos, infracción de Constitución u otros que según las leyes merezcan pena de muerte o infamia.

Artículo IX. Los representantes serán compensados por sus servicios con la cantidad y del fondo que señale la Legislatura, siendo su distribución del resorte exclusivo de dicha Cámara.

Capítulo II. Senado

Artículo X. Formarán el Senado los senadores de provincia, cuyo número será igual al de las provincias; tres senadores militares cuya graduación no baje de Coronel Mayor; un Obispo y tres eclesiásticos, un senador por cada Universidad y el Director del Estado, concluido el tiempo de su gobierno.

Artículo XI. Ninguno será nombrado senador que no tenga la edad de treinta años cumplidos, nueve de ciudadano antes de su elección, un fondo de ocho mil pesos, una renta equivalente o una profesión que lo ponga en estado de ser ventajoso a la sociedad.

Artículo XII. Durarán en el cargo por el tiempo de doce años, renovándose por terceras partes cada cuatro. La suerte decidirá quiénes deban salir en el primero y segundo cuatricinio.

Artículo XIII. El ex Director permanecerá en el Senado hasta que sea reemplazado por el que le sucediese en el mando.

Artículo XIV. Los senadores por las provincias se elegirán en la forma siguiente:

Cada Municipalidad nombrará un capitular y un propietario, que tenga un fondo de diez mil pesos al menos, para electores. Reunidos éstos en un punto en el centro de la provincia, que designará el Poder Ejecutivo, elegirán tres sujetos de la clase civil, de los que uno al menos sea de fuera de la provincia. Esta terna se pasará al Senado (la primera vez al Congreso) con testimonio íntegro del acta de elección. El Senado, recibidas todas las ternas y publicadas por la Prensa, hará el escrutinio, y los que tuvieren el mayor número de sufragios, computados por provincias, serán senadores. Si no resultase pluralidad, la primera vez el Congreso y en lo sucesivo el Senado hará la elección de entre los propuestos.

Artículo XV. Los senadores militares serán nombrados por el Director del Estado.

Artículo XVI. Será senador por la primera vez el Obispo de la diócesis donde resida el Cuerpo Legislativo. En lo sucesivo se elegirá el Obispo senador por los Obispos del territorio, remitiendo sus votos al Senado. Publicados por la Prensa se hará el escrutinio, y el que reuniese el mayor número será senador; no resultando pluralidad, decidirá la elección el Senado.

Artículo XVII. Los Cabildos eclesiásticos, reunidos con el Prelado diocesano, curas rectores del Sagrario de la iglesia catedral y rectores de los Colegios (cuando éstos sean eclesiásticos) elegirán tres individuos del mismo estado, de los cuales uno al menos sea de otra diócesis. Remitidas y publicadas las ternas con sus actas, los tres que reúnan mayor número de sufragios, computados por las iglesias, serán senadores; en caso de igualdad, el Congreso o Senado decidirá la elección.

Artículo XVIII. Al Senado corresponde juzgar en juicio público a los acusados por la Sala de Representantes.

Artículo XIX. La concurrencia de las dos terceras partes de sufragios harán sentencia contra el acusado, únicamente al efecto de separarlo del empleo o declararlo inhábil para obtener otro.

Artículo XX. La parte convencida quedará, no obstante, sujeta a acusación, juicio y castigo conforme a la ley.

Capítulo III. Atribuciones comunes a ambas Cámaras

Artículo XXI. Ambas Cámaras se reunirán por primera vez en esta capital y en lo sucesivo en el lugar que ellas mismas determinen, y tendrán sus sesiones en los meses de marzo, abril y mayo, y septiembre, octubre y noviembre.

Artículo XXII. Cada Sala será privativamente el juez para calificar la elección de sus miembros con mayoría de un voto sobre la mitad.

Artículo XXIII. Nombrará su presidente, vicepresidente y oficiales; señalará el tiempo de la duración de unos y otros y prescribirá el orden para los debates y para facilitar el despacho de sus deliberaciones.

Artículo XXIV. Ninguna de las Salas podrá deliberar mientras no se hallen reunidas ambas, respectivamente, en el lugar de las sesiones, al menos en las dos terceras partes de sus miembros; pero un número menor podrá compeler a los ausentes a la asistencia en los términos y bajo los apremios que cada Sala proveyere.

Artículo XXV. Cada Sala llevará un diario de sus procedimientos, que se publicará de tiempo en tiempo, exceptuando aquellas partes que, a su juicio, requieran secreto. Los votos de aprobación o negación de los miembros de una y otra Sala se apuntarán en el diario, si lo exigiese así una quinta parte de ellos.

Artículo XXVI. Los senadores y representantes no serán arrestados ni procesados durante su asistencia a la Legislatura y mientras van y vuelven de ella, excepto el caso de ser sorprendidos in fraganti en la ejecución de algún crimen que merezca pena de muerte, infamia u otra aflictiva, de lo que se dará cuenta a la Sala respectiva con la sumaria información del hecho.

Artículo XXVII. Los senadores y representantes, por sus opiniones, discursos o debates, en una u otra Sala no podrán ser molestados en ningún lugar; pero cada Sala podrá castigar a sus miembros por desorden de conducta, y con la concurrencia de las dos terceras partes expeler a cualquiera de su seno.

Artículo XXVIII. En el caso que expresa el Artículo XXVI, o cuando se forma querella por escrito contra cualquier senador o representante por delitos que no sean del privativo conocimiento del Senado: examinado el mérito del sumario en juicio público podrá cada Sala con dos tercios de votos separar al acusado de su seno y ponerlo a disposición del Supremo Tribunal de Justicia para su juzgamiento.

Artículo XXIX. Ningún senador o representante podrá ser empleado por el Poder Ejecutivo sin su consentimiento y el de la Cámara a que corresponda.

Artículo XXX. Cada una de las Cámaras podrá hacer comparecer en su Sala a los Ministros del Poder Ejecutivo para recibir los informes que estime convenientes.

Capítulo IV. Atribuciones del Congreso

Artículo XXXI. Al Congreso corresponde privativamente formar las leyes que deben regir en el territorio de la Unión.

Artículo XXXII. Decretar la guerra y la paz.

Artículo XXXIII. Establecer derechos, y por un tiempo que no pase de dos años imponer para las urgencias del Estado contribuciones proporcionalmente iguales en todo el territorio.

Artículo XXXIV. Fijar, a propuesta del Poder Ejecutivo, la fuerza de línea de mar y tierra para el servicio del Estado en tiempo de paz y determinar por sí el número de tropas que haya de existir en el lugar donde tenga sus sesiones.

Artículo XXXV. Mandar construir y equipar una Marina nacional.

Artículo XXXVI. Recibir empréstitos sobre los fondos del Estado.

Artículo XXXVII. Reglar las formas de todos los juicios y establecer Tribunales inferiores a la Alta Corte de Justicia.

Artículo XXXVIII. Crear y suprimir empleos de toda clase.

Artículo XXXIX. Reglar el comercio interior y exterior.

Artículo XL. Demarcar el territorio del Estado y fijar los límites de las provincias.

Artículo XLI. Habilitar puertos nuevos en las costas del territorio cuando lo crea conveniente, y elevar las poblaciones al rango de villas, ciudades o provincias.

Artículo XLII. Formar planes uniformes de educación pública y proveer de medios para el sostén de los establecimientos de esta clase.

Artículo XLIII. Recibir anualmente del Poder Ejecutivo la cuenta general de las rentas públicas, examinarla y juzgarla.

Artículo XLIV. Asegurar a los autores o inventores de establecimientos útiles privilegios exclusivos por tiempo determinado.

Artículo XLV. Reglar la moneda, los pesos y medidas.

Capítulo V. Formación y sanción de las leyes

Artículo XLVI. Las leyes pueden tener principio en cualquiera de las dos Cámaras que componen el Poder Legislativo.

Artículo XLVII. Se exceptúan de esta regla las relativas a los objetos de que trata el Artículo séptimo.

Artículo XLVIII. Todo proyecto de ley se leerá en tres sesiones distintas, mediando entre cada una de ellas tres días al menos; sin esto no se pasará a deliberar.

Artículo XLIX. Los proyectos de ley y demás resoluciones del Cuerpo Legislativo para su aprobación deberán obtener la mayoría de un voto al menos sobre la mitad de los sufragios en cada una de las Cámaras constitucionalmente reunidas.

Artículo L. Aprobado el proyecto en la Cámara donde haya tenido principio, se pasará a la otra para que, discutido en ella del mismo modo que en la primera, lo repare, apruebe o deseche.

Artículo LI. Ningún proyecto de ley desechado por una de las Cámaras podrá repetirse en las sesiones de aquel año.

Artículo LII. Los proyectos de ley constitucionalmente aprobados por ambas Cámaras pasarán al Director del Estado.

Artículo LIII. Si él los suscribe o en el término de quince días no los devuelve objecionados, tendrán fuerza de ley.

Artículo LIV. Si encuentra inconveniente los devolverá objecionados a la Cámara donde tuvieron su origen.

Artículo LV. Reconsiderados en ambas Cámaras, dos tercios de sufragios en cada una de ellas harán su última sanción.

Sección III. Poder Ejecutivo

Capítulo primero. Naturaleza y calidades de este poder

Artículo LVI. El Supremo Poder Ejecutivo dc la nación se expedirá por la persona en quien recaiga la elección de Director.

Artículo LVII. Ninguno podrá ser elegido Director del Estado que no tenga las calidades de ciudadano, natural del territorio de la Unión, con seis años de residencia en él inmediatamente antes de la elección y treinta y cinco de edad cuando menos.

Artículo LVIII. Tampoco podrá ser elegido el que se halle empleado en el Senado o en la Cámara de Representantes.

Artículo LIX. Antes de entrar al ejercicio del cargo hará el Director electo, en manos del presidente del Senado a presencia de las dos Cámaras reunidas, el juramento siguiente:

«Yo N. juro por Dios Nuestro Señor y estos Santos Evangelios que desempeñaré fielmente el cargo de Director que se me confía; que cumpliré y haré cumplir la Constitución del Estado, protegeré la Religión Católica y conservaré la integridad e independencia del territorio de la Unión.»

Artículo LX. Durará en el cargo por el tiempo de cinco años.

Artículo LXI. En caso de enfermedad, acusación o muerte del Director del Estado, administrará provisionalmente el Poder

Ejecutivo el presidente del Senado, quedando entre tanto suspenso de las funciones de senador.

Capítulo II. Forma de la elección del director del Estado

Artículo LXII. El Director del Estado será elegido por las dos Cámaras reunidas.

Artículo LXIII. Presidirá la elección el presidente del Senado y hará en ella de vicepresidente el presidente de la Cámara de Representantes.

Artículo LXIV. Los votos se entregarán escritos y firmados por los vocales y se publicarán con sus nombres.

Artículo LXV. Una mayoría de un voto sobre la mitad de cada Cámara hará la elección.

Artículo LXVI. Si después de tres votaciones ninguno obtuviese la expresada mayoría, se publicarán los tres sujetos que hayan obtenido el mayor número y por ellos sólo se sufragará en las siguientes votaciones.

Artículo LXVII. Si reiterada ésta hasta tres veces ninguno de los tres propuestos reuniese la mayoría que exige el Artículo LXV, se excluirá el que tuviera menor número de votos: en caso de igualdad entre los tres o dos de ellos, decidirá la suerte el que haya de ser excluido, quedando solamente dos.

Artículo LXVIII. Por uno de éstos se votará de nuevo.

Artículo LXIX. Si repetida tres veces la votación no resultase la Mayoría expresada, se sacará por suerte el Director de entre los dos.

Artículo LXX. Todo esto deberá verificarse acto continuo desde que se dé principio a la elección.

Artículo LXXI. Se procederá a ella treinta días antes de cumplir su término el Director que concluye; en caso de muerte deberá hacerse la elección dentro de quince días.

Artículo LXXII. Entre tanto se posesiona del cargo el nuevamente nombrado, subsistirá en el Gobierno el que lo esté ejerciendo; pero al electo se le contarán los cinco años desde el día en que aquél haya cumplido su término.

Artículo LXXIII. El Director del Estado sólo podrá ser reelegido por una vez con un voto sobre las dos terceras partes de cada Cámara.

Capítulo III. Atribuciones del Poder Ejecutivo

Artículo LXXIV. El Director del Estado es Jefe Supremo de todas las fuerzas de mar y tierra.

Artículo LXXV. Publica y hace ejecutar las leyes que han recibido sanción.

Artículo LXXVI. Hace la apertura de las sesiones del Cuerpo Legislativo en los períodos de renovación de la Cámara de Representantes en la sala del Senado: informando en esta ocasión sobre el estado del Gobierno, mejoras o reformas y demás que considere digno de poner en su conocimiento, lo que se publicará por la Prensa.

Artículo LXXVII. Convoca extraordinariamente el Cuerpo Legislativo cuando así lo exija el interés del país durante la interrupción de las sesiones.

Artículo LXXVIII. Puede proponer por escrito al Cuerpo Legislativo en sus Cámaras los proyectos, medidas, mejoras o reformas que estimare necesarias o convenientes a la felicidad del Estado.

Artículo LXXIX. Publica la guerra y la paz; forma y da dirección a los ejércitos de mar y tierra para defensa del Estado y ofensa del enemigo.

Artículo LXXX. Rechaza las invasiones de los enemigos exteriores, previene las conspiraciones y sofoca los tumultos populares.

Artículo LXXXI. Nombra por sí solo los Generales de los ejércitos de mar y tierra, los embajadores, enviados y Cónsules cerca de las naciones extranjeras y los recibe de ellas.

Artículo LXXXII. Nombra y destituye a sus ministros: la responsabilidad de éstos la determinará la ley.

Artículo LXXXIII. Puede, con parecer y consentimiento de dos terceras partes de senadores presentes en número constitucional, celebrar y concluir tratados con las naciones extranjeras; salvo el caso de enajenación o desmembración de alguna parte del territorio, en que deberá exigirse el consentimiento de dos tercios de la Cámara de Representantes.

Artículo LXXXIV. Expide las cartas de ciudadanía con sujeción a las formas y calidades que la ley prescriba.

Artículo LXXXV. Nombra a todos los empleos que no se exceptúan especialmente en esta Constitución y las leyes.

Artículo LXXXVI. Nombra los Arzobispos y Obispos a propuesta en terna del Senado.

Artículo LXXXVII. Presenta a todas las dignidades, canongías, prebendas y beneficios de las iglesias-catedrales, colegiatas y parroquiales, conforme a las leyes.

Artículo LXXXVIII. Todos los objetos y ramos de Hacienda y Policía, los establecimientos públicos nacionales, científicos, y de todo otro género, formados o sostenidos con fondos del Estado, las casas de moneda, bancos nacionales, correos, postas y caminos son de la suprema inspección y resorte del Director del Estado, bajo las leyes u ordenanzas que los rigen o que en adelante formare el Cuerpo Legislativo.

Artículo LXXXIX. Puede indultar de la pena capital a un criminal o conmutarla, previo informe del Tribunal de la causa, cuando poderosos y manifiestos motivos de equidad lo sugieran o algún grande acontecimiento feliz haga plausible la gracia, salvos los delitos que la ley exceptúa.

Artículo XC. Confirma o revoca con arreglo a ordenanza las sentencias de los reos militares pronunciadas en los Tribunales de su fuero.

Artículo XCI. Recibirá por sus servicios en tiempos determinados una compensación, que le señalará el Cuerpo Legislativo, la cual ni se aumentará ni disminuirá durante el tiempo de su mando.

Sección IV. Poder Judicial

Capítulo único. Corte Suprema de Justicia

Artículo XCII. Una Alta Corte de Justicia, compuesta de siete jueces y dos fiscales, ejercerá el Supremo Poder Judicial del Estado.

Artículo XCIII. Ninguno podrá ser miembro de ella si no fuere letrado, recibido con ocho años de ejercicio público y cuarenta de edad.

Artículo XCIV. Los miembros de la Alta Corte de Justicia serán nombrados por el Director del Estado con noticia y consentimiento del Senado.

Artículo XCV. El Presidente será electo cada cinco años a pluralidad de sufragios por los miembros de ella y sus fiscales.

Artículo XCVI. La Alta Corte de Justicia nombrará los oficiales de ella en el número y forma que prescribirá la ley.

Artículo XCVII. Conocerá exclusivamente de todas las causas concernientes a los enviados y cónsules de las naciones extranjeras; de aquellas en que sea parte una provincia, o que se susciten entre provincia y provincia, o pueblos de una misma provincia, sobre límites u otros derechos contenciosos; de las que tengan su origen de contratos entre el Gobierno Supremo y un particular, y últimamente, de las de aquellos funcionarios públicos de que hablan los Artículos XX y XXVIII.

Artículo XCVIII. Conocerá en último recurso de todos los casos que descienden de Tratados hechos bajo la autoridad del Gobierno; de los crímenes cometidos contra el derecho público de las naciones, y de todos aquellos en que, según las leyes, haya lugar a los recursos de segunda suplicación, nulidad o injusticia notoria.

Artículo XCIX. Los juicios de la Alta Corte y demás tribunales de justicia serán públicos; produciéndose en la misma forma los votos de cada juez para las resoluciones o sentencias de cualquier naturaleza que ellas sean.

Artículo C. Informará de tiempo en tiempo al Cuerpo Legislativo de todo lo conveniente para las mejoras de la administración de justicia, que seguirá gobernándose por las leyes que hasta el presente, en todo lo que no sea contrario a esta Constitución.

Artículo CI. Cada seis meses recibirá de las Cámaras de Justicia una razón exacta de las causas y asuntos despachados en ellas y de las que quedan pendientes, su estado, tiempo de su duración y motivos de demora: instruida con el diario del despacho que deben llevar los escribanos de Cámara, a fin de que, estando a la mira de que la justicia se administre con prontitud, prevea lo conveniente a evitar retardaciones indebidas.

Artículo CII. Los individuos de esta Corte ejercerán el cargo por el tiempo de su buena comportación y no podrán ser empleados por el Poder Ejecutivo en otro destino sin su consentimiento y el de la misma Corte.

Artículo CIII. El Cuerpo Legislativo les designará una compensación por sus servicios, que no podrá ser disminuida mientras permanezcan en el oficio.

Sección V. Declaración de derechos

Capítulo primero. Derechos de la nación

Artículo CIV. La nación tiene derecho para reformar su Constitución, cuando así lo exija el interés común, guardando las formas constitucionales.

Artículo CV. La nación, en quien originariamente reside la soberanía, delega el ejercicio de los altos poderes que la representan a cargo de que se ejerzan en forma que ordena la Constitución; de manera que ni el Legislativo puede abocarse el Ejecutivo o Judicial, ni el Ejecutivo perturbar o mezclarse en éste o el Legislativo, ni el Judicial tomar parte en los otros dos, contra lo dispuesto en esta Constitución.

Artículo CVI. Las corporaciones y magistrados investidos de la autoridad legislativa, ejecutiva y judicial son apoderados de la nación y responsables a ella en los términos que la Constitución prescribe.

Artículo CVII. Ninguna autoridad del país es superior a la ley: ellas mandan, juzgan o gobiernan por la ley, y es, según ella, que se les debe respeto y obediencia.

Artículo CVIII. Al delegar el ejercicio de su Soberanía constitucionalmente, la nación se reserva la facultad de nombrar sus representantes y la de ejercer libremente el poder censorio por medio de la Prensa.

Capítulo II. Derechos particulares

Artículo CIX. Los miembros del Estado deben ser protegidos en el goce de los derechos de su vida, reputación, libertad, seguridad y propiedad. Nadie puede ser privado de alguno de ellos sino conforme a las leyes.

Artículo CX. Los hombres son de tal manera iguales ante la ley, que ésta, bien sea penal, preceptiva o tuitiva, debe ser una misma para todos y favorecer igualmente al poderoso que al miserable para la conservación de sus derechos.

Artículo CXI. La libertad de publicar sus ideas por la Prensa es un derecho tan apreciable al hombre, como esencial para la conservación de la libertad civil en un Estado; se observarán a este respecto las reglas que el Congreso tiene aprobadas provisionalmente, hasta que la Legislatura las varíe o modifique.

Artículo CXII. Las acciones privadas de los hombres que de ningún modo ofenden el orden público ni perjudican a un tercero, están sólo reservadas a Dios, y exentas de la autoridad de los Magistrados.

Artículo CXIII. Ningún habitante del Estado será obligado a hacer lo que no manda la ley, ni privado de lo que ella no prohíbe.

Artículo CXIV. Es del interés y del derecho de todos los miembros del Estado el ser juzgados por jueces los más libres, independientes e imparciales, que sea dado a la condición de las cosas humanas. El Cuerpo Legislativo cuidará de preparar y poner en planta el establecimiento del juicio por Jurados, en cuanto lo permitan las circunstancias.

Artículo CXV. Todo ciudadano debe estar seguro contra las requisiciones arbitrarias y apoderamiento injusto de sus papeles y correspondencias. La ley determinará en qué casos y con qué justificación pueda procederse a ocuparlos.

Artículo CXVI. Ningún individuo podrá ser arrestado sin prueba al menos semiplena e indicios vehementes de crimen por el que merezca pena corporal; los que se harán constar en proceso informativo dentro de tres días perentorios, si no hubiese impedimento; pero habiéndolo, se pondrá constancia de él en el proceso.

Artículo CXVII. Las cárceles sólo deben servir para la seguridad y no para castigo de los reos. Toda medida que a pretexto de precaución conduzca a mortificarles más allá de lo que aquélla exige, será corregida según las leyes.

Artículo CXVIII. Ningún habitante del Estado podrá ser penado ni confinado sin que preceda forma de proceso y sentencia legal.

Artículo CXIX. La casa de un ciudadano es un sagrado, que no puede violarse sin crimen; y sólo podrá allanarse en caso de resistencia a la autoridad legítima.

Artículo CXX. Esta diligencia se hará con la moderación debida personalmente por el mismo Juez. En caso que algún urgente motivo se lo impida, dará al delegado orden por escrito con las especificaciones convenientes, y se dejará copia de ella al individuo que fuere aprendido, y al dueño de la casa, si la pidiere.

Artículo CXXI. Las anteriores disposiciones relativas a la seguridad individual no podrán suspenderse.

Artículo CXXII. Cuando por un muy remoto y extraordinario acontecimiento, que comprometa la tranquilidad pública o la seguridad de la Patria, no pueda observarse cuanto en ellas se previene, las autoridades que se viesen en esta fatal necesidad darán inmediatamente razón de su conducta al Cuerpo Legislativo, quien examinará los motivos de la medida y el tiempo de su duración.

Artículo CXXIII. Siendo la propiedad un derecho sagrado e inviolable, los miembros del Estado no pueden ser privados de ella ni gravados en sus facultades sin el consentimiento del Cuerpo Legislativo, o por un juicio conforme a las leyes.

Artículo CXXIV. Cuando el interés del Estado exija que la propiedad de algún pueblo o individuo particular sea destinada a los usos públicos, el propietario recibirá por ella una justa compensación.

Artículo CXXV. Ninguno será obligado a prestar auxilios de cualquier clase para los ejércitos, ni a franquear su casa para alojamiento de un cuerpo o individuo militar, sino de orden del Magistrado civil según la ley. El perjuicio que en este caso se infiera al propietario será indemnizado competentemente por el Estado.

Artículo CXXVI. Todos los miembros del Estado tienen derecho para elevar sus quejas y ser oídos hasta de las primeras autoridades del país.

Artículo CXXVII. A ningún hombre o corporación se concederán ventajas, distinciones o privilegios exclusivos, sino los que sean debidos a la virtud o los talentos; no siendo éstos transmisibles a los descendientes, se prohíbe conceder nuevos títulos de nobleza hereditarios.

Artículo CXXVIII. Siendo los indios iguales en dignidad y en derechos a los demás ciudadanos, gozarán de las mismas preeminencias y serán regidos por las mismas leyes.

Queda extinguida toda tasa o servicio personal bajo cualquier pretexto denominación que sea.

El Cuerpo Legislativo promoverá eficazmente el bien de los naturales por medio de leyes que mejoren su condición hasta ponerlos al nivel de las demás clases del Estado.

Artículo CXXIX. Queda también constitucionalmente abolido, el tráfico de esclavos y prohibida para siempre su introducción en el territorio del Estado.

Sección VI. Reforma de la Constitución

Artículo CXXX. En ninguna de las Cámaras del Poder Legislativo será admitida una moción para la reforma de uno o más Artículos de la Constitución presente, sin que sea apoyada por la cuarta parte de los miembros concurrentes.

Artículo CXXXI. Siempre que la moción obtenga dicha calidad, discutida en la forma ordinaria, podrá sancionarse con dos tercias partes de votos en cada una de las Salas: que el Artículo o Artículos en cuestión exigen reforma.

Artículo CXXXII. Esta resolución se comunicará al Poder Ejecutivo para que, con su opinión fundada, la devuelva dentro de treinta días a la Sala donde tuvo su origen.

Artículo CXXXIII. Si él disiente, reconsiderada la materia en ambas Cámaras, será necesaria la concurrencia de tres cuartas partes de cada una de ellas para sancionar la necesidad de la reforma; y tanto en este caso como en el de consentir el Poder Ejecutivo, se procederá inmediatamente a verificarla con el número de sufragios prescrito en el Artículo CXXXI.

Artículo CXXXIV. Verificada la reforma, pasará al Poder Ejecutivo para su publicación. En caso de devolverla con reparos, tres cuartas partes de sufragios en cada sala harán su última sanción.

Capítulo final

Artículo CXXXV. Continuarán observándose las leyes, estatutos y reglamentos que hasta ahora rigen, en lo que no hayan sido alterados ni digan contradicción con la Constitución presente, hasta que reciban de la Legislatura las variaciones o reformas que estime convenientes.

Artículo CXXXVI. Esta Constitución será solemnemente jurada en todo el territorio del Estado.

Artículo CXXXVII. Ningún empleado político, civil, militar o eclesiástico podrá continuar en su destino sin prestar juramento de observar la Constitución y sostenerla. Los que de nuevo fuesen nombrados o promovidos a cualquier empleo, o a grados militares o literarios, o se recibieren de algún cargo u oficio público, otorgarán el mismo juramento.

Artículo CXXXVIII. Todo el que atentare o prestare medios para atentar contra la presente Constitución, será reputado enemigo del Estado y castigado con todo el rigor de las penas, hasta las de muerte y expatriación, según la gravedad de su crimen.

Dada en la Sala de Sesiones, firmada de nuestra mano, sellada con nuestro sello y refrendada por nuestro Secretario en Buenos Aires, a veintidós de abril de mil ochocientos diecinueve, cuarto de la Independencia.

Libros a la carta

A la carta es un servicio especializado para
empresas,
librerías,
bibliotecas,
editoriales
y centros de enseñanza;
y permite confeccionar libros que, por su formato y concepción, sirven a los propósitos más específicos de estas instituciones.

Las empresas nos encargan ediciones personalizadas para marketing editorial o para regalos institucionales. Y los interesados solicitan, a título personal, ediciones antiguas, o no disponibles en el mercado; y las acompañan con notas y comentarios críticos.

Las ediciones tienen como apoyo un libro de estilo con todo tipo de referencias sobre los criterios de tratamiento tipográfico aplicados a nuestros libros que puede ser consultado en Linkgua-ediciones.com.

Linkgua edita por encargo diferentes versiones de una misma obra con distintos tratamientos ortotipográficos (actualizaciones de carácter divulgativo de un clásico, o versiones estrictamente fieles a la edición original de referencia).

Este servicio de ediciones a la carta le permitirá, si usted se dedica a la enseñanza, tener una forma de hacer pública su interpretación de un texto y, sobre una versión digitalizada «base», usted podrá introducir interpretaciones del texto fuente. Es un tópico que los profesores denuncien en clase los desmanes de una edición, o vayan comentando errores de interpretación de un texto y esta es una solución útil a esa necesidad del mundo académico.

Asimismo publicamos de manera sistemática, en un mismo catálogo, tesis doctorales y actas de congresos académicos, que son distribuidas a través de nuestra Web.

El servicio de «Libros a la carta» funciona de dos formas.

1. Tenemos un fondo de libros digitalizados que usted puede personalizar en tiradas de al menos cinco ejemplares. Estas personalizaciones pueden ser de todo tipo: añadir notas de clase para uso de un grupo de estudiantes, introducir logos corporativos para uso con fines de marketing empresarial, etc. etc.

2. Buscamos libros descatalogados de otras editoriales y los reeditamos en tiradas cortas a petición de un cliente.

www.ingramcontent.com/pod-product-compliance
Lightning Source LLC
LaVergne TN
LVHW101933220826
846093LV00009B/452

* 9 7 8 9 7 8 8 4 9 1 8 6 6 *